EL ALMA DE CERVANTES

✱ ✱ ✱

(OBRA DECLARADA DE UTILIDAD PARA LA ENSE-
ÑANZA POR REAL ORDEN DE 3 DE MARZO DE 1919).

TERCERA EDICIÓN

Imprenta del P. de H. de los Cuerpos

de Intendencia e Intervención Militares

═══ Caracas, 7. – Madrid. –1929 ═══

Editorial Gráficas Maxtor
   Fray Luis de León, 20
   47002 Valladolid (España)
   +34 983 090 110
   info@graficasmaxtor.es
   www.graficasmaxtor.es

I.S.B.N. 978-84-1171-127-2
depósito legal: DL VA 584-2025

ESTE LIBRO DE
PENSAMIENTOS·
MÁXIMAS Y CON·
SEJOS AL ALCAN·
CE DE LA INTELI·
GENCIA DE LOS NI·
ÑOS ENTRESACA·
DOS DE LAS
OBRAS DE CERVAN
·TES POR MANUEL·
DE LA CUEVA LLE·
VA UN PRÓLOGO DEL·
EXCMO·SR DON
FRANCISCO·RODRI
·GUEZ MARIN DE
LA REAL ACADE
MIA ESPAÑOLA.
Y ESTA DECORADO POR
ANGEL VIVANCO

A su Alteza Real
Don Alfonso de Borbon
y Battemberg, Principe
de Asturias

TABLA DE LO QUE CONTIENE ESTE LIBRO

PROLOGO

PARA conmemorar el tercer centenario de la muerte de CER-
VANTES se acordó, entre otras
cosas, la publicación de un libro cervan-
tino destinado a las escuelas, y, dejada a
mi arbitrio la elección de su texto, convine
con el excelentísimo señor don Eduardo
Dato, Presidente de la Junta central, en
que la lectura del *Quijote*, aun abreviándo-
dolo sobremanera, más es para adultos
que para niños. Esto, amén de que mutilar
la historia de *El Ingenioso Hidalgo* es atre-
vida libertad que en ningún buen propósito
puede hallar bastante justificación.

Más prácticamente útil nos parecía dar
a las escuelas, en un librito de pocas pá-
ginas, el *alma de Cervantes:* la flor de su

sentir y de su pensar. ¡Esto sí que sería trasplantar al espíritu de los niños, con esperanza de ricos frutos, el noble y cristiano espíritu del autor del *Quijote!* Y aprobada la idea, ya me disponía a leer una vez más las obras del soberano ingenio complutense con la mira de entresacar cuantos pensamientos y máximas estuviesen al alcance de los niños, cuando una dichosa casualidad me ahorró de ese trabajo: don Manuel de la Cueva solicitaba algunos renglones míos para encabezar cierta obrita cervantina que deseaba dar a la estampa; móstróme el manuscrito...! Era cabalmente lo que el Sr. Dato y yo habíamos estimado por más beneficioso: lo que ha muchos años, sin este fin escolar, alguien había llamado el *espíritu de* Cervantes!

Aplazada *sine die* la celebración oficial de Centenario, don Manuel de la Cueva, después de obtener permiso para aprovechar los dibujos, ya dispuestos, de don Angel Vivanco, publica a sus expensas el librito, y lo dedica, muy acertadamente, al augusto niño a quien podemos llamar *Rey de los niños de España:* al Príncipe de Asturias, que de seguro hallará solaz provechoso en las sanas moralidades de estotro *Príncipe:* del *de los ingenios españoles.* Y pues libro tan estimable no puede menos de tener excelente acogida en el Ministerio de Instrucción Pública y en las escuelas nacionales, cuando niños y niñas, ya instruídos y educados, dejen de frecuentarlas, llevarán este tesoro de CERVANTES en la memoria y en el bolsillo, y de seguro, andando el tiempo, deberán al recuerdo o a la nueva lectura de sus saludables máximas consejo en las dudas, alivio en las tristezas, paciencia en las adversidades, y, en fin, reglas para vivir cristiana y provechosamente y para educar nuevas generaciones que, honrándose a sí mismas, sepan honrar y engrandecer a su Patria.

FRANCISCO RODRÍGUEZ MARÍN

CERVANTES

STE que veis aquí de rostro aguileño, de cabello castaño, frente lisa y desembarazada, de alegres ojos y de nariz corva aunque bien proporcionada, las barbas de plata que no ha veinte años fueron de oro, los bigotes grandes, la boca pequeña, los dientes no crecidos, porque no tiene sino seis, y esos mal acondicionados y peor puestos, porque no tienen correspondencia los unos con los otros; el cuerpo entre dos extremos, ni grande ni pequeño, la color viva, antes blanca que morena, algo cargado de espalda y no muy ligero de pies; éste digo, que es el rostro del autor de LA GÁLATEA y de DON QUIJOTE DE LA MANCHA y del que hizo el VIAJE DEL PARNASO, a imitación del de César Caporal Perusino, y otras obras que andan por ahí descarriadas, y quizá sin el nombre de su dueño, llámase comunmente MIGUEL DE CERVANTES SAAVEDRA; fué soldado muchos años, y cinco y medio cautivo, donde aprendió a tener paciencia en las adversidades; perdió en la batalla naval de Lepanto, la mano izquierda de un arcabuzazo; herida que, aunque parece fea, él la tiene por hermosa, por haberla cobrado en la más memorable y alta ocasión que vieron los pasados siglos, ni esperan ver los venideros, militando debajo de las vencedoras banderas del hijo del rayo de la guerra Carlos V, de felice memoria.

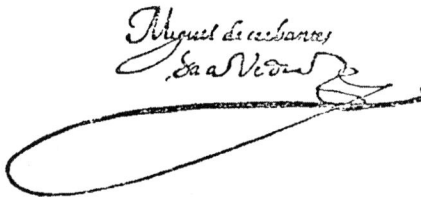

VIRTUD
y VICIO

A senda de la virtud es muy estrecha, y el camino del vicio, ancho y espacioso, y sus fines y paraderos son diferentes; porque el del vicio, dilatado y espacioso, acaba en muerte, y el de la virtud, angosto y trabajoso, acaba en vida, y no en vida que se acaba, sino en la que no tendrá fin. *(Don Quijote de la Mancha.* Parte segunda, cap. 6.°).

2.   La verdadera nobleza consiste en la virtud. *(Don Quijote de la Mancha.* Parte primera, cap. 36).

3.   La virtud se ha de honrar dondequiera que se hallare. *(Don Quijote de la Mancha.* Parte segunda, cap. 62).

4   La costumbre del vicio se vuelve en naturaleza. *(Coloquio de los perros).*

5.   La virtud que tiene por remate el vicio, no es virtud, sino vicio. *(Trabajos*

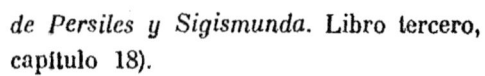

de Persiles y Sigismunda. Libro tercero, capítulo 18).

6. Más quiero ser malo con esperanza de ser bueno, que bueno con propósito de ser malo. *(Trabajos de Persiles y Sigismunda*. Libro cuarto, cap. primero).

7. Así como el fuego no puede estar escondido y encerrado, la virtud no puede dejar de ser conocida. *(Don Quijote de la Mancha*. Parte segunda, cap. 62).

8. Sed buenos; que sin el cimiento de la bondad no se puede cargar ninguna cosa que lo parezca. *(Trabajos de Persiles y Sigismunda*. Libro tercero, cap. 16).

9. La sabiduría y la virtud son las riquezas sobre quien no tienen jurisdicción los ladrones ni la que llaman fortuna. *(La fuerza de la sangre)*.

10. Siempre la alabanza fué premio de la virtud, y los virtuosos no pueden dejar

de ser alabados. *(Don Quijote de la Mancha.* Parte segunda, cap. 6.°).

11.   También los pobres virtuosos y discretos tienen quien los siga, honre y ampare, como los ricos tienen quien los lisonjee y acompañe. *(Don Quijote de la Mancha.* Parte segunda, cap. 21).

12.   No pueden las tinieblas de la malicia ni la ignorancia encubrir y oscurecer la luz del valor y de la virtud. *(Don Quijote de la Mancha.* Parte segunda, capítulo 36).

13.   ¡Cuanto puede la virtud y cuánto la hermosura, pues son bastantes, juntas y cada una de por sí, a enamorar aun hasta los mismos enemigos! *(La Española inglesa).*

14.   El pobre a quien la virtud enriquece, suele llegar a ser famoso; como el rico, si es vicioso, puede venir y viene

a ser infame. *(Trabajos de Persiles y Sigismunda.* Libro segundo, cap. 15).

15. La alabanza tanto es buena cuanto es bueno el que la dice, y tanto es mala cuanto es vicioso y malo el que alaba. *(Trabajos de Persiles y Sigismunda.* Libro primero, cap. 16).

16. La virtud y el buen entendimiento siempre es una y siempre es uno: no ha menester apoyos ni necesita de amparos; por sí solo vale, sin que las grandes dichas le ensoberbezcan, ni las adversidades le desanimen. *(Coloquio de los perros).*

17. Los que nacen de padres humildes, si no los ayuda demasiadamente el cielo, ellos por sí solos pocas veces se levantan adonde sean señalados con el dedo, si la virtud no les da la mano. *(Trabajos de Persiles y Sigismunda.* Libro segundo, capítulo 5.°).

18. Al caballero pobre no le queda otro

camino para mostrar que es caballero sino
el de la virtud, siendo afable, bien criado,
cortés, comedido y oficioso; no soberbio,
no arrogante, no murmurador, y, sobre
todo, caritativo, que con dos maravedís
que con ánimo alegre dé al pobre, se mos-
trará tan liberal como el que a campana
herida da limosna, y no habrá quien le
vea adornado de las referidas virtudes,
que, aunque no le conozca, deje de juz-
garle y tenerle por de buena casta. *(Don
Quijote de la Mancha*. Parte segunda, capítulo 6.º).

PECADO ·Y·
ARREPENTIMIENTO·

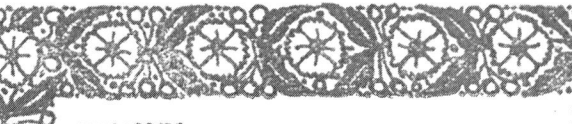N buen arrepentimiento, **es la mejor** medicina que tienen las enfermedades del alma. *(Trabajos de Persiles y Sigismunda.* Libro primero, cap. 14)*:*

20.   No hay pecado tan grande, ni vicio tan apoderado, que con el arrepentimiento no se borre o se quite del todo. *(Trabajos de Persiles y Sigismunda.* Libro primero, capítulo 14).

21.   Sin la penitencia, no hay abrir la senda del cielo, que suele cerrar el pecado. *(Trabajos de Persiles y Sigismunda.* Libro cuarto, cap. 6.°).

22.   La verdadera deshonra está en el pecado, y la verdadera honra, en la virtud; con el dicho, con el deseo y con la obra, se ofende a Dios. *(La fuerza de la sangre).*

23.   De los pecados que se cometen, nadie ha de echar la culpa a otro, sino a sí mismo. *(Trabajos de Persiles y Sigismunda.* Libro segundo, capítulo 14).

GENEROSIDAD y MISERICORDIA.

AL culpado que cayere debajo de tu jurisdicción considérale hombre miserable, sujeto a las condiciones de la depravada naturaleza nuestra, y en todo cuanto fuere de tu parte, sin hacer agravio a la contraria, muéstratele piadoso y clemente; porque aunque los atributos de Dios todos son iguales, más resplandece y campea a nuestro ver el de la misericordia que el de la justicia. *(Don Quijote de la Mancha. Parte segunda, cap. 42).*

25. No se ha de añadir aflicción al afligido. *(Don Quijote de la Mancha. Parte segunda. Prólogo).*

26. Al que has de castigar con obras, no trates mal con palabras; pues le basta al desdichado la pena del suplicio, sin la añadidura de las malas razones. *(Don Quijote de la Mancha. Parte segunda, cap. 42).*

27. Cuando pudiere y debiere tener lu-

gar la equidad, no cargues todo el rigor de la ley al delincuente; que no es mejor la fama del juez riguroso que la del compasivo. *(Don Quijote de la Mancha.* Parte segunda, cap. 42).

28. Si acaso doblares la vara de la justicia, no sea con el peso de la dádiva, sino con el de la misericordia. *(Don Quijote de la Mancha.* Parte segunda, cap. 42).

29. La grandeza del rey, algún tanto resplandece más en ser misericordioso que justiciero. *(Trabajos de Persiles y Sigismunda.* Libro segundo, cap. 14).

30. El tomar venganza injusta (que justa no puede haber ninguna que lo sea) va derechamente contra la santa ley que profesamos, en la cual se nos manda que hagamos bien a nuestros enemigos y amemos a los que nos aborrecen. *(Don Quijote de la Mancha.* Parte segunda, cap. 27).

31. No estamos obligados a castigar a

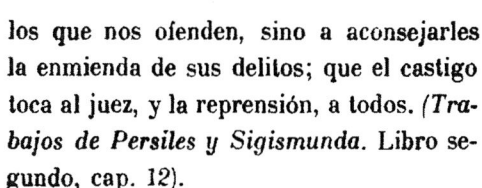

los que nos ofenden, sino a aconsejarles la enmienda de sus delitos; que el castigo toca al juez, y la reprensión, a todos. *(Trabajos de Persiles y Sigismunda.* Libro segundo, cap. 12).

LIBERALIDAD

o hay mayor ni mejor bolsa que la de la caridad, cuyas liberales manos jamás están pobres ni necesitadas. *(Coloquio de los perros)*.

33. La liberalidad es una de las más agradables virtudes, de quien se engendra la buena fama; y es tan verdad esto, que no hay liberal malquisto, como no hay avaro que no lo sea. *(Trabajos de Persiles y Sigismunda.* Libro segundo, cap. 15).

34. El dar, en cualquier ocasión que sea, siempre fué indicio de generoso pecho. *(La Gitanilla)*.

35. El pobre está inhabilitado de poder mostrar la virtud de la liberalidad con ninguno, aunque en sumo grado la posea. *(Don Quijote de la Mancha.* Parte primera, cap. 50).

36. El rico no liberal es un avaro mendigo. *(Don Quijote de la Mancha.* Parte segunda, cap. 6.°).

HONRA

os azotes que los padres dan a los hijos, honran; y los del verdugo, afrentan. *(El Licenciado Vidriera).*

38. El hombre sin honra peor es que un muerto. *(Don Quijote de la Mancha.* Parte primera, cap. 33).

39. La honra puédela tener el pobre; pero no el vicioso. *(Don Quijote de la Mancha.* Parte segunda. Prólogo).

40. Una onza de buena fama vale más que una libra de perlas. *(Trabajos de Persiles y Sigismunda.* Libro segundo, capítulo 15).

41. De los bienes que reparten los cielos entre los mortales, los que más se han de estimar son los de la honra, a quien se posponen los de la vida. *(Trabajos de Persiles y Sigismunda.* Libro segundo, capítulo 2.º).

SUFRIMIENTOS
Y·CONSUELOS

LIVIA al que cuenta sus desventuras, ver u oir que hay quien se duele de ellas. *(Trabajos de Persiles y Sigismunda.* Libro primero, capítulo 7.°).

43. La pena que no acaba la vida, la costumbre de padecerla la hace fácil. *(Trabajos de Persiles y Sigismunda.* Libro tercero, cap. 12).

44. Corrimientos, trabajos y desabrimientos echan un cero a los años, y a veces dos, según se les antoja. *(El Celoso extremeño).*

45. Aparta la imaginación de los sucesos adversos que te podrán venir; que el peor de todos es la muerte, y como ésta sea buena, el mejor de todos es morir. *(Don Quijote de la Mancha.* Parte segunda, capítulo 24).

46. Los males que no tienen fuerza para acabar la vida, no la han de tener para acabar la paciencia. *(Trabajos de Persiles y Sigismunda.* Libro segundo, capítulo 8.°).

ENTEREZA

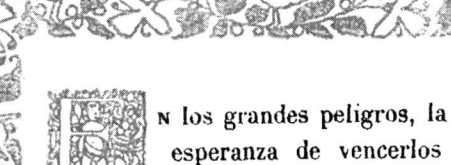

n los grandes peligros, la poca esperanza de vencerlos saca del ánimo desesperadas fuerzas. *(Trabajos de Persiles y Sigismunda. Libro primero, cap. 8.°).*

48. En los ánimos encogidos nunca tuvo lugar la buena dicha. *(Trabajos de Persiles y Sigismunda. Libro segundo, capítulo 13).*

49. Mal se pueden llevar las tristezas del ánimo si no se esfuerzan los decaimientos del cuerpo. *(Trabajos de Persiles y Sigismunda. Libro primero, cap. 1.°).*

50. Esfuérzate; que el decaimiento en los infortunios apoca la salud y acarrea la muerte. *(Don Quijote de la Mancha. Parte segunda, cap. 1.ª).*

51. Tan de valientes corazones es tener sufrimientos en las desgracias como alegría en las prosperidades. *(Don Quijote de la Mancha. Parte segunda, cap. 66).*

52. De altos espíritus es aspirar a las cosas altas. (*Trabajos de Persiles y Sigismunda. Libro segundo, cap. 7.°*).

53. Nosotros mismos nos fabricamos nuestra ventura, y no hay alma que no sea capaz de levantarse a su asiento: los cobardes, aunque nazcan ricos, siempre son pobres; como los avaros, mendigos. (*Trabajos de Persiles y Sigismunda. Libro segundo, cap. 13*).

54. Ambición es, pero ambición generosa, la de aquel que pretende mejorar su estado sin perjuicio de tercero. (*Coloquio de los perros*).

55. Un buen corazón quebranta mala ventura. (*Don Quijote de la Mancha. Parte segunda, cap. 35*).

MUDANZA HUMANA

 ADIE puede prometerse en este mundo más horas de vida de las que Dios quiere darle; porque la muerte es sorda, y cuando llega a llamar a la puerta de nuestra vida, siempre va de prisa, y no la harán detener ni ruegos, ni fuerzas, ni cetros, ni mitras. *(Don Quijote de la Mancha.* Parte segunda, cap. 7.°).

57. No hay cosa segura en esta vida. *(Don Quijote de la Mancha.* Parte primera, capítulo 15).

58. No es posible que el mal ni el bien sean durables. *(Don Quijote de la Mancha.* Parte primera, cap. 18).

59. Las dichas y las desdichas suelen andar tan juntas, que tal vez no hay medio que las divida: andan el pesar y el placer tan apareados, que es simple el triste que se desespera y el alegre que se confía. *(Trabajos de Persiles y Sigismunda.* Libro segundo, cap. 2.°).

60. No hay ventura tan firme que tal vez no dé vaivenes; no hay clavo tan fuerte, que pueda detener la rueda de la Fortuna. *(Trabajos de Persiles y Sigismunda. Libro tercero, cap. 19).*

61. Es tan poca la seguridad con que se gozan los humanos gozos, que nadie se puede prometer en ellos un mismo punto de firmeza. *(Trabajos de Persiles y Sigismunda. Libro cuarto, cap. 14).*

62. La rueda de la Fortuna anda más lista que una rueda de molino, y los que ayer estaban en pinganitos, hoy están por el suelo. *(Don Quijote de la Mancha. Parte primera, cap. 47).*

63. Los que ayer estaban en la cumbre de la rueda de la Fortuna, hoy están hollados y abatidos a los pies de la desgracia, y tenidos en poco de aquellos que más los estimaban. *(Coloquio de los perros).*

·VALOR·TEMERIDAD·
·Y·MIEDO·

 no de los efectos del miedo, es turbar los sentidos y hacer que las cosas no parezcan lo que son. *(Don Quijote de la Mancha.* Parte primera, cap. 18).

65. Entre los extremos de cobarde y temerario, está el medio de la valentía. *(Don Quijote de la Mancha.* Parte segunda, capítulo 6.º).

66. Las esperanzas dudosas han de hacer a los hombres atrevidos; pero no temerarios. *(Don Quijote de la Mancha.* Parte segunda, cap. 63).

67. La valentía que se entra en la jurisdicción de la temeridad, más tiene de locura que de fortaleza. *(Don Quijote de la Mancha.* Parte segunda, cap. 17).

68. El intentar las cosas de las cuales antes nos puede suceder daño que provecho es de juicios sin discurso y temerarios.

(Don Quijote de la Mancha. Parte primera, capítulo 33).

69. El retirarse no es huir, ni el esperar es cordura, cuando el peligro sobrepuja a la esperanza; y de sabios es guardarse hoy para mañana, y no aventurarse todo en un día. *(Don Quijote de la Mancha.* Parte primera, cap. 23).

70. El soldado más bien parece muerto en la batalla que libre en la fuga. *(Don Quijote de la Mancha.* Parte segunda. Prólogo).

71. Al soldado mejor le está el oler a pólvora que a algalia; y si la vejez os coge en este honroso ejercicio, aunque sea lleno de heridas y estropeado o cojo, a lo menos no os podrá coger sin honra, y tal, que no os la podrá menoscabar la pobreza. *(Don Quijote de la Mancha.* Parte segunda, capítulo 24).

72. La honra que se alcanza por la

guerra, como se graba en láminas de bronce y con puntas de acero, es más firme que las demás honras. *(Trabajos de Persiles y Sigismunda.* Libro cuarto, cap. primero)

73.   Las heridas que se reciben en las batallas, antes dan honra que la quitan, *(Don Quijote de la Mancha.* Parte primera, capítulo 15).

· RIQVEZAS ·

ARA remediar desdichas del cielo poco suelen valer los bienes de fortuna. *(Don Quijote de la Mancha*. Parte primera, cap. 24).

75. No desees, y serás el más rico hombre del mundo. *(Trabajos de Persiles y Sigismunda*. Libro cuarto, cap. primero).

76. Al poseedor de las riquezas no le hace dichoso el tenerlas, sino el gastarlas, y no el gastarlas como quiera, sino el saberlas bien gastar. *(Don Quijote de la Mancha*. Parte segunda, cap. 6.º).

77. Tan pesada carga es la riqueza al que no está usado a tenerla ni sabe usar de ella, como lo es la pobreza al que de continuo la tiene. Cuidados acarrea el oro y cuidados la falta de él. *(El Celoso extremeño)*.

78. La abundancia de las cosas, aunque sean buenas, hace que no se estimen, y la carestía, aun de las malas, se estima en algo. *(Don Quijote de la Mancha*. Parte segunda. Prólogo).

· GRATITUD ·

 E gente bien nacida es agradecer los beneficios que reciben, y uno de los pecados que más a Dios ofenden es la ingratitud. *(Don Quijote de la Mancha.* Parte primera, cap. 22).

80. Si no puedes pagar las buenas obras que te hacen con otras buenas, pon en su lugar los deseos de hacerlas. *(Don Quijote de la Mancha.* Parte segunda, capítulo 58).

81. Quien dice y publica las buenas obras que recibe, también las recompensará con otras si pudiera. *(Don Quijote de la Mancha.* Parte segunda, cap. 58).

82. Siempre los malos son desagradecidos. *(Don Quijote de la Mancha.* Parte primera, cap. 23).

83. Muéstrate agradecido; que la ingratitud es hija de la soberbia y uno de los mayores pecados que se sabe; y la persona

que es agradecida a los que bien le han hecho, da indicio de que también lo será a Dios, que tantos bienes le hizo y de continuo le hace. *(Don Quijote de la Mancha. Parte segunda, cap. 51).*

84. Entre los pecados mayores que los hombres cometen, aunque algunos dicen que es la soberbia, yo digo que es el desagradecimiento, ateniéndome a lo que suele decirse que de los desagradecidos está lleno el infierno. *(Don Quijote de la Mancha. Parte segunda, cap. 58).*

· TIEMPO ·

L que no sabe gozar de la ventura cuando le viene, no se debe quejar si se le pasa. *(Don Quijote de la Mancha.* Parte segunda, capítulo 5.°).

86. Más fuerza tiene el tiempo para deshacer y mudar las cosas que las humanas voluntades. *(Don Quijote de la Mancha.* Parte primera, cap. 44).

87. No hay memoria que el tiempo no acabe, ni dolor que muerte no le consuma. *(Don Quijote de la Mancha.* Parte primera, capítulo 15).

88. En la tardanza suele estar el peligro. *(Don Quijote de la Mancha.* Parte primera, cap. 29).

89. Se dará tiempo al tiempo, que suele dar dulce salida a muchas amargas dificultades. *(La Gitanilla).*

90. El tiempo, descubridor de todas las cosas, no se deja ninguna que no la saque a la luz del sol, aunque esté escondida en los senos de la tierra. (*Don Quijote de la Mancha*. Parte segunda, cap. 25).

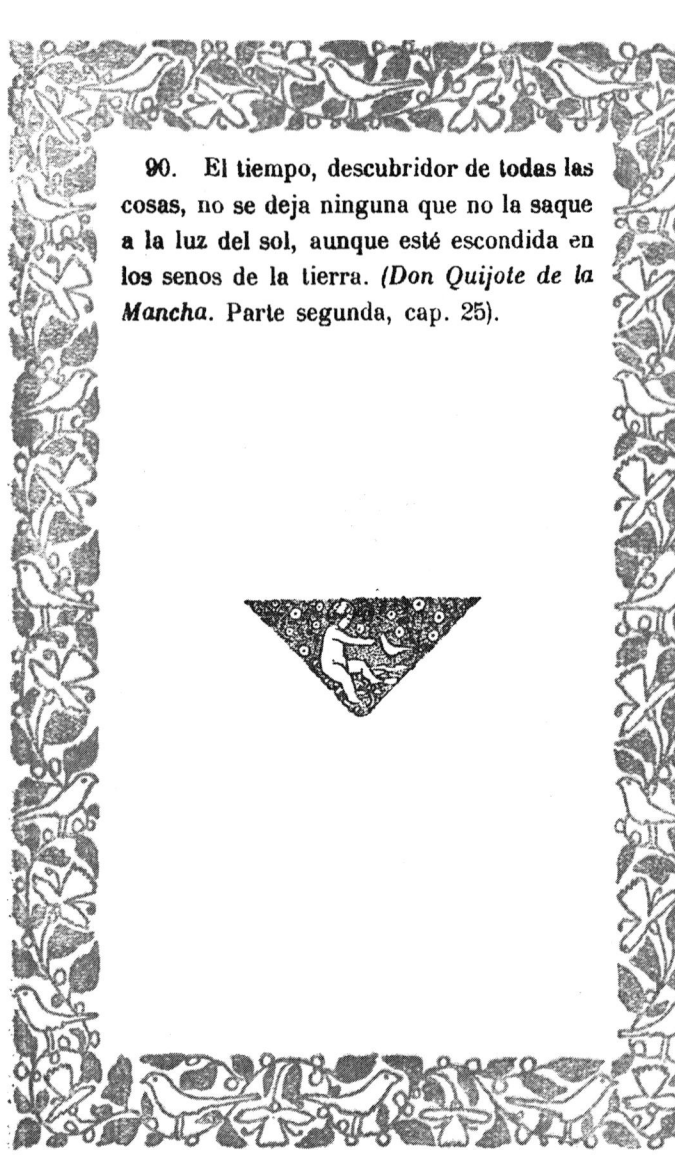

VERDAD · Y ·
MENTIRA

 A mentira se disimula, y el daño se disfraza, con la máscara de la verdad y del bien. *(Trabajos de Persiles y Sigismunda.* Libro primero, capítulo 11).

92. El que tiene costumbre y gusto de engañar a otro no se debe quejar cuando es engañado. *(El Casamiento engañoso).*

93. La verdad adelgaza, y no quiebra, y siempre anda sobre la mentira, como el aceite sobre el agua. *(Don Quijote de la Mancha.* Parte segunda, cap. 10).

94. La verdad ha de tener siempre su asiento, aunque sea en sí misma. *(Trabajos de Persiles y Sigismunda.* Libro tercero, capítulo 6.°).

95. Si a los oídos de los principes llegase la verdad desnuda, sin los vestidos de la lisonja, otros siglos correrían. *(Don Quijote de la Mancha.* Parte segunda, cap. 2.°).

96. De los vasallos leales es decir la verdad a sus señores en su ser y figura propia, sin que la adulación la acreciente, u otro vano respeto la disminuya. *(Don Quijote de la Mancha.* Parte segunda, capítulo 2.º).

97. La historia es como cosa sagrada, porque ha de ser verdadera, y donde está la verdad, está Dios, en cuanto a la verdad. *(Don Quijote de la Mancha.* Parte segunda, capítulo 3.º).

98. No todas las verdades han de salir en público, ni a los ojos de todos. *(Trabajos de Persiles y Sigismunda.* Libro primero, cap. 14).

·ENVIDIA·

 o hay merced que el príncipe haga a su privado que no sea una lanza que atraviese el corazón del envidioso. *(La Española inglesa).*

100. Donde reina la envidia no puede vivir la virtud. *(Don Quijote de la Mancha. Parte segunda, cap. 47).*

101. No hay amistades, parentescos, calidades ni grandezas que se opongan al rigor de la envidia. *(Trabajos de Persiles y Sigismunda. Libro cuarto, cap. 3.º).*

102. La envidia también se aloja en los aduares de los bárbaros y en las chozas de los pastores como en palacios de príncipes. *(La Gitanilla).*

103. Pocos o ninguno de los famosos varones que pasaron dejó de ser calumniado de la malicia. *(Don Quijote de la Mancha. Parte segunda, cap. 2.º).*

·DILIGENCIA·
·Y·OCIOSIDAD·

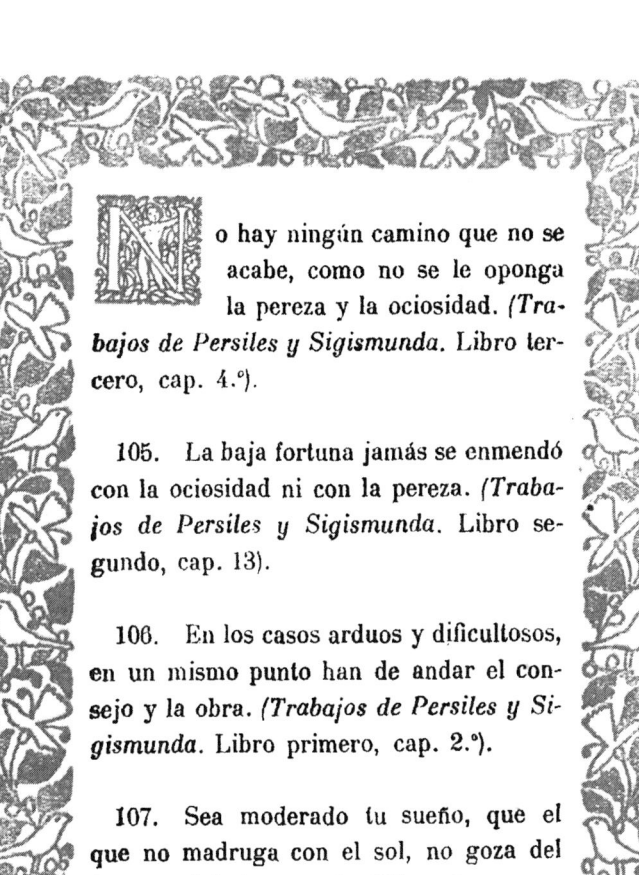

N o hay ningún camino que no se acabe, como no se le oponga la pereza y la ociosidad. *(Trabajos de Persiles y Sigismunda. Libro tercero, cap. 4.°)*.

105. La baja fortuna jamás se enmendó con la ociosidad ni con la pereza. *(Trabajos de Persiles y Sigismunda. Libro segundo, cap. 13)*.

106. En los casos arduos y dificultosos, en un mismo punto han de andar el consejo y la obra. *(Trabajos de Persiles y Sigismunda. Libro primero, cap. 2.°)*.

107. Sea moderado tu sueño, que el que no madruga con el sol, no goza del día; y advierte, que la diligencia es madre de la buena ventura, y la pereza, su contraria, jamás llegó al término que pide un buen deseo. *(Don Quijote de la Mancha. Parte segunda, cap. 43)*.

108. La gente baldía y perezosa es en la república lo mismo que los zánganos en las colmenas, que se comen la miel que las trabajadoras abejas hacen. (*Don Quijote de la Mancha*. Parte segunda, cap. 49).

·DISCRECIÓN·

NECIO es, y muy necio, el que descubriendo un secreto a otro, le pide encarecidamente que le calle. ¿Qué mayor seguridad puedes tener de que no se sepa lo que sabes sino no decirlo? *(Trabajos de Persiles y Sigismunda. Libro segundo, cap. 5.°).*

109. Lo que se puede hacer por bien, no se haga por mal. *(Don Quijote de la Mancha. Parte primera, cap. 22).*

110. Habla de aquello que tus años permiten, y no te metas en altanerías; que no hay ninguna que no amenace caída. *(La Gitanilla).*

111. Llaneza, muchacho: no te encumbres; que toda afectación es mala. *(Don Quijote de la Mancha. Parte segunda, capítulo 26).*

112. Así como por la mucha risa se descubre el poco entendimiento, por el mucho llorar, el poco discurso. *(Trabajos de Per-*

siles y Sigismundda. Libro segundo, capítulo 5.°).

113.   Nunca se ha de dar enojo a los amigos, ni hacer burla de ellos. *(Rinconete y Cortadillo)*.

114.   Nadie se ha de meter donde no lo llaman, ni ha de querer usar del oficio que por ningún caso le toca. *(Coloquio de los perros)*.

115.   Las gracias y los donaires no asientan sobre ingenios torpes. *(Don Quijote de la Mancha*. Parte segunda, cap. 30).

116.   Los dichos agudos, las murmuraciones dilatadas, si a unos alegran, a otros entristecen; contra el callar no hay castigo ni respuesta. *(Trabajos de Persiles y Sigismunda*. Libro primero, cap. 18).

117.   Si eres discreto, o lo quieres ser, nunca has de decir cosa de que debas dar cuenta. *(Coloquio de los perros)*.

118.   El que ha de ser consejero requie-

re tener tres cualidades: la primera, autoridad; la segunda,· prudencia; y la tercera, ser llamado. *(Trabajos de Persiles y Sigismunda.* Libro segundo, cap. 4.º).

119.   No todos los discretos saben aconsejar en todos los casos: aquellos sí que tienen experiencia en aquello sobre que se les pide un consejo. *(Trabajos de Persiles y Sigismunda.* Libro segundo, cap. 6.º).

120.   Quien tropieza en hablador y en gracioso, al primer puntapié cae y da en truhán desgraciado: enfrena la lengua, considera y rumia las palabras antes que te salgan de la boca. *(Don Quijote de la Mancha.* Parte segunda, cap. 31).

121.   No hay razonamiento que aunque sea bueno, siendo largo, lo parezca. *(Trabajos de Persiles y Sigismunda.* Libro primero, cap. 8.º).

122.   No todas las cosas que suceden son buenas para contadas, y podrían pasar sin serlo y sin quedar menoscabada la his-

toria: acciones hay que por grandes deben callarse, y otras que por bajas no deben decirse. *(Trabajos de Persiles y Sigismunda.* Libro tercero, cap. 10).

123. Hay algunos que se cansan en saber y averiguar cosas que, después de sabidas y averiguadas, no importan un ardite al entendimiento ni a la memoria. *(Don Quijote de la Mancha.* Parte segunda, capítulo 22).

124. En las cortesías, antes se ha de perder por carta de más que de menos. *(Don Quijote de la Mancha.* Parte segunda, cap. 33).

125. Las comparaciones que se hacen de ingenio a ingenio, de valor a valor, de hermosura a hermosura y de linaje a linaje son siempre odiosas y mal recibidas. *(Don Quijote de la Mancha.* Parte segunda, capítulo 1.º).

126. Jamás te pongas a disputar de linajes, a lo menos comparándolos entre sí,

pues, por fuerza, en los dos que se comparan, uno ha de ser el mejor, y del que abatieres serás aborrecido, y del que levantares, en ninguna manera premiado. *(Don Quijote de la Mancha. Parte segunda, capítulo 43).*

127. No seas siempre riguroso ni siempre blando, y escoge el medio entre estos dos extremos; que en esto esta el punto de la discreción. *(Don Quijote de la Mancha. Parte segunda, cap. 51).*

128. Procura ser tan discreto, que no **apures** los pensamientos ajenos ni quieras saber más de nadie que aquello que quisiere decirte. *(Trabajos de Persiles y Sigismunda. Libro primero, cap. 23).*

129. Sé templado en el beber, considerando que el vino demasiado ni guarda secreto ni cumple palabra. *(Don Quijote de la Mancha. Parte segunda, cap. 43).*

JUSTICIA

 os delitos llevan a las espaldas el castigo. *(Trabajos de Persiles y Sigismunda.* Libro primero, cap. 8.º).

132. El culpado, no por conocer su culpa deja de sentir la pena del castigo. *(El Casamiento engañoso).*

133. Procura descubrir la verdad por entre las promesas y dádivas del rico como por entre los sollozos e importunidades del pobre. *(Don Quijote de la Mancha.* Parte segunda, cap. 42).

134. Los jueces discretos castigan, pero no toman venganza de los delitos; los prudentes y los piadosos mezclan la equidad con la justicia, y entre el rigor y la clemencia, dan luz de su buen entendimiento. *(Trabajos de Persiles y Sigismunda.* Libro tercero, cap. 10).

135. Hallen en tí más compasión las

lágrimas del pobre, pero no más justicia, que las informaciones del rico. *(Don Quijote de la Mancha.* Parte segunda, cap. 42).

136. Cuando te sucediere juzgar algún pleito de algún tu enemigo, aparta las mientes de tu injuria, y ponlas en la verdad del caso. *(Don Quijote de la Mancha.* Parte segunda, cap. 42).

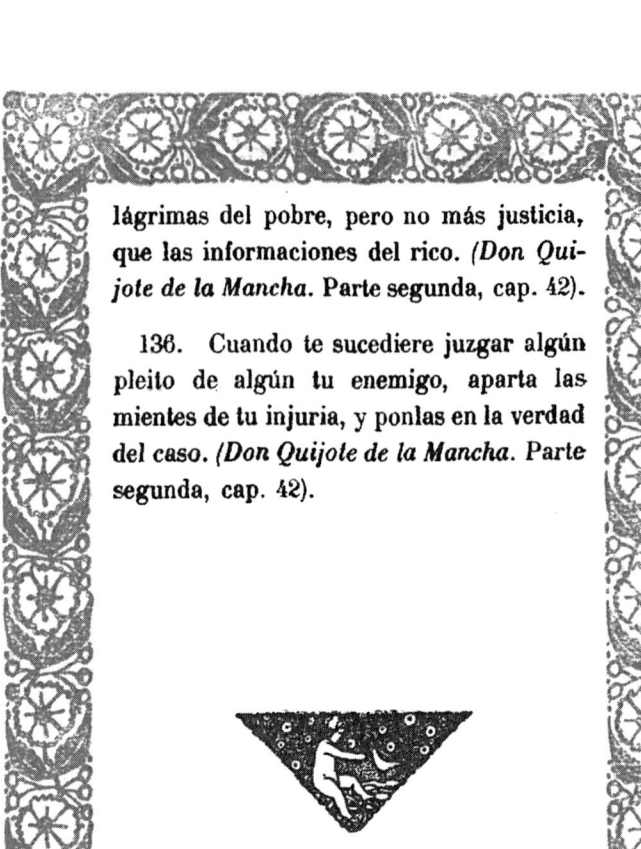

NOBLEZA · Y ·
HUMILDAD

s obra donde se encierra una virtud grande amparar y defender de los poderosos y soberbios a los humildes y a los que nada pueden. *(Coloquio de los perros)*.

138. No es un hombre más que otro si no hace más que otro. *(Don Quijote de la Mancha*. Parte segunda, cap. 42).

139. No atribuyas a tus merecimientos las mercedes recibidas, sino que des gracias al cielo, que dispone suavemente las cosas. *(Don Quijote de la Mancha*. Parte segunda, cap. 42).

140. Las virtudes adoban la sangre, y en más se ha de estimar y tener un humilde virtuoso que un vicioso levantado. *(Don Quijote de la Mancha*. Parte segunda, capítulo 32).

141. La sangre se hereda y la virtud se aquista, y la virtud vale por sí sola lo que

la sangre no vale. *(Don Quijote de la Mancha.* Parte segunda, cap. 42).

142. La alabanza propia envilece. *(Don Quijote de la Mancha.* Parte primera, capítulo 16).

143. En la llaneza y en la humildad suelen esconderse los regocijos más aventajados. *(Trabajos de Persiles y Sigismunda.* Libro segundo, cap. 13).

144. ¿Qué linaje hay en el mundo, por bueno que sea, que no tenga algún dime y direte? *(Coloquio de los perros).*

145. Préciate más de ser humilde virtuoso que pecador soberbio. *(Don Quijote de la Mancha.* Parte segunda, cap. 42).

146. Pon los ojos en quien eres, procurando conocerte a tí mismo, que es el más difícil conocimiento que puede imaginarse. *(Don Quijote de la Mancha.* Parte segunda, cap. 42).

147. Lo que una vez promete un caballero, procura cumplirlo, aunque le cueste la vida. *(Don Quijote de la Mancha.* **Parte segunda, cap. 33).**

148. La humildad es la base y fundamento de todas las virtudes, y sin ella no hay ninguna que lo sea: ella allana inconvenientes, vence dificultades y es un medio que siempre a gloriosos fines nos conduce; de los enemigos hace amigos; templa la cólera de los airados y menoscaba la arrogancia de los soberbios; es madre de la modestia y hermana de la templanza; en fin, con ella no pueden atravesar triunfo que les sea de provecho los vicios, porque en su blandura y mansedumbre se embotan y despuntan las flechas de los pecados. *(Coloquio de los perros).*

EXPERIENCIA

 L que lee mucho y anda mucho, vé mucho y sabe mucho. *(Don Quijote de la Mancha.* Parte segunda, cap. 25).

150.   Es menester mucho tiempo para venir a conocer las personas. *(Don Quijote de la Mancha.* Parte primera, cap. 15).

151.   Mejor gobernará el timón de una nave el que hubiere sido marinero, que no el que sale de las escuelas de la tierra para ser piloto: la experiencia, en todas las cosas, es la mejor maestra de las artes. *(Trabajos de Persiles y Sigismunda.* Libro primero, cap. 14).

152.   Las lecciones de los libros, muchas veces hacen más cierta experiencia de las cosas, que no la tienen los mismos que las han visto, a causa de que el que lee con atención repara una y muchas veces en lo que va leyendo, y el que mira sin ella, no repara en nada, y con esto excede la lección a la vista. *(Trabajos de Persiles y Sigismunda.* Libro tercero, cap. 8.º).

VENGANZA·
·Y·CÓLERA·

 omo el hacer mal viene de natural cosecha, fácilmente se aprende el hacerlo. *(Coloquio de los perros).*

154. Las venganzas castigan, pero no quitan las culpas. *(Trabajos de Persiles y Sigismunda.* Libro tercero, cap. 7.º).

155. La venganza, pensada, arguye crueldad y mal ánimo. *(Coloquio de los perros).*

156. Nunca la cólera prometió buen fin de sus ímpetus: ella es pasión de ánimo, y el apasionado pocas veces acierta en lo que emprende. *(Trabajos de Persiles y Sigismunda.* Libro tercero, cap. 5.º).

157. Cuando la cólera sale de madre, no tiene la lengua padre, ayo, ni freno que la corrija. *(Don Quijote de la Mancha.* Parte segunda, cap. 27).

158.   Dios hay en el cielo, que no se descuida de castigar al malo ni de premiar al bueno; y no es bien que los hombres honrados sean verdugos de los otros hombres, no yéndoles nada en ello. *(Don Quijote de la Mancha.* Parte primera, cap. 22).

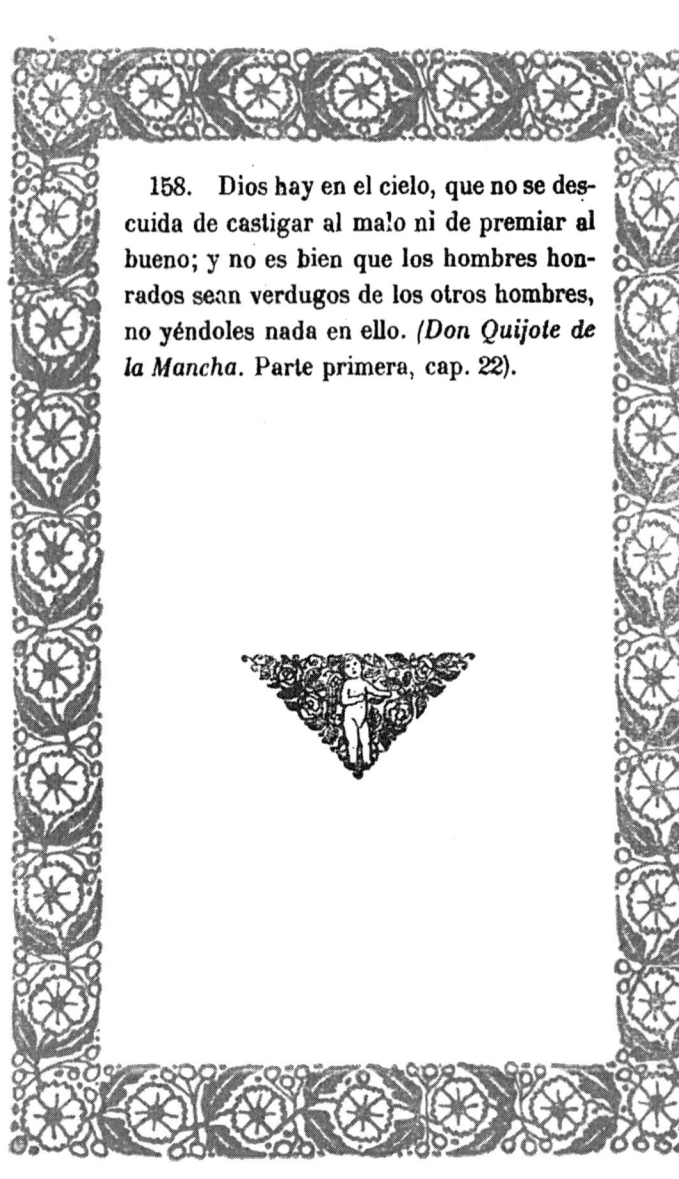

·MURMURACIÓN·

o hay vida de ningún murmurante que, si la consideras y escudriñas, no la halles llena de vicios y de insolencias. *(Coloquio de los perros)*.

160. No es buena la murmuración, aunque haga reir a muchos. *(Coloquio de los perros)*.

161. Las lenguas y picos de los murmuradores, son bastantes a desmoronar cuerpos de **bronce**. *(El Licenciado Vidriera)*.

162. Mucho ha de saber y muy sobre los estribos ha de andar el que quisiere sustentar dos horas de conversación sin tocar los límites de la murmuración. *(Coloquio de los perros)*.

163. Como son las palabras maldicientes como las piedras que se sueltan de la mano, que no se pueden revocar ni volver

a la parte donde salieron hasta que han hecho su efecto, pocas veces el arrepentirse de haberlas dicho menoscaba la culpa del que las dijo. *(Trabajos de Persiles y Sigismunda*. Libro primero, cap. 14).

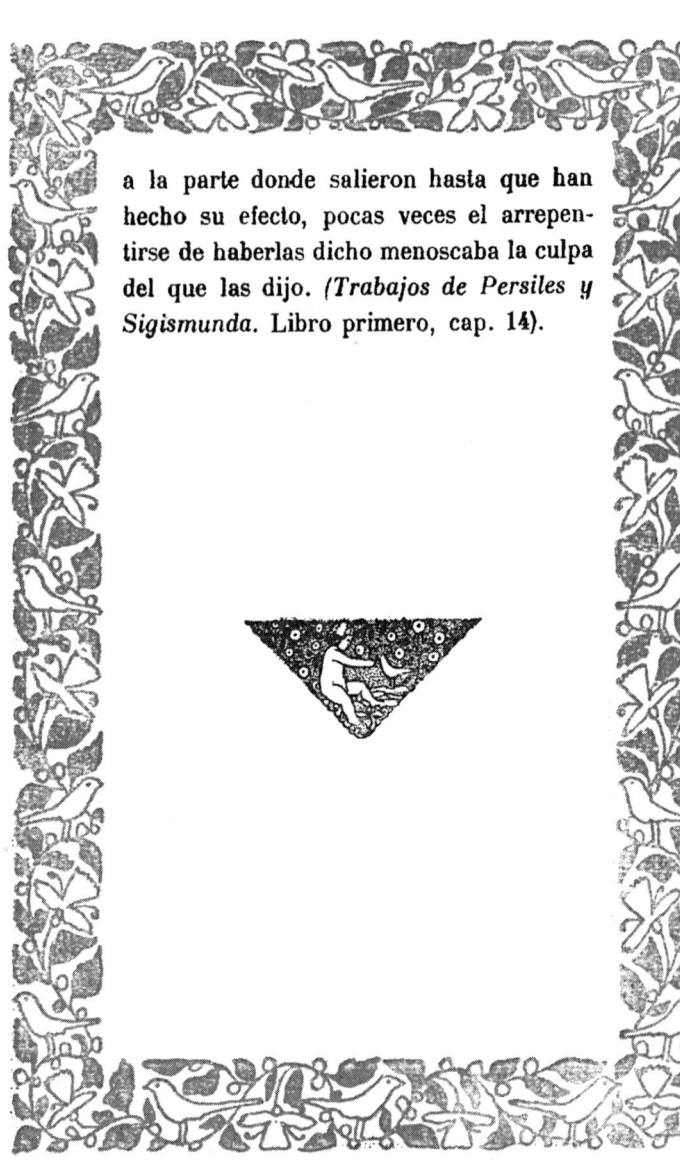

·PIADOSOS·

sí suele Dios ayudar al buen deseo del simple como desfavorecer al malo del discreto. *(Don Quijote de la Mancha.* Parte primera, capítulo 5.º).

165. Primeramente, has de temer a Dios, porque en el temerle está la sabiduría, y siendo sabio, no podrás errar en nada. *(Don Quijote de la Mancha.* Parte segunda, cap. 42).

166. Encomiéndate a Dios, y procura no errar en la primera intención: quiero decir, que siempre tengas intento y firme propósito de acertar en cuantos negocios te ocurrieren, porque siempre favorece el cielo los buenos deseos. *(Don Quijote de la Mancha.* Parte segunda, cap. 43).

167. En solo conocer y ver a Dios está la suma gloria, y todos los medios que para este fin se encaminan son los buenos, son los santos, son los agradables; como son

los de la caridad, de la honestidad y el de la virginidad. *(Trabajos de Persiles y Sigismunda.* Libro cuarto, cap. 9.°).

168. Las obras de servir a Dios no han de ser precipitadas, ni que parezcan que las mueven accidentes. *(Trabajos de Persiles y Sigismunda.* Libro tercero, cap. 9.°).

169. El cristiano está más obligado a su alma que a los respetos humanos. *(Don Quijote de la mancha.* Parte primera, capítulo 28).

170. No hay otra cosa en la tierra más honrada ni de más provecho que servir a Dios, primeramente, y luego, a su rey y señor natural. *(Don Quijote de la Mancha.* Parte segunda, cap. 24).

171. Cada uno en su oficio puede alabar a Dios. *(Rinconete y Cortadillo).*

172. Por ninguna amistad humana se ha de perder la amistad divina. *(Don Quijote de la Mancha.* Parte primera, cap. 33).

173. A trueco de no perder la vida del alma, daré por bien empleado perder la del cuerpo. *(El Amante liberal).*

174. Dios está en el cielo, que vé las trampas, y será juez de quien hace más mal. *(Don Quijote de la Mancha.* Parte primera, cap. 3.º).

175. Lo que el cielo tiene ordenado que suceda no hay diligencia ni sabiduría humana que lo pueda prevenir. *(Coloquio de los perros).*

176. El justo cielo pocas o ningunas veces deja de mirar y favorecer a las justas intenciones. *(Don Quijote de la Mancha.* Parte primera, cap. 28).

177. El cielo tiene cuidado de socorrer a los buenos, y aun a los malos muchas veces. *(Don Quijote de la Mancha.* Parte primera, cap. 27).

178. No se puede prevenir con diligen-

cia humana el castigo que la voluntad divina quiere dar a los que en ella no ponen de todo en todo sus deseos y esperanzas. *(El Celoso extremeño)*.

179.   Las misericordias de Dios no tienen límites, ni las abrevian ni impiden los pecados de los hombres. *(Don Quijote de la Mancha*. Parte segunda, cap. 74).

180.   Las divinas gracias las da Dios a quien El es servido, el cual tiene por costumbre de hacer salir su sol sobre los buenos y los malos, y llover sobre los justos y los injustos. *(Trabajos de Persiles y Sigismunda*. Libro tercero, cap. 11).

181.   ¡Cómo sabe el cielo sacar de las mayores adversidades nuestras, nuestros mayores provechos! *(La Española inglesa)*.

182.   A solo Dios está reservado conocer los tiempos y los momentos, y para El no hay pasado ni porvenir, que todo es pre-

sente. *(Don Quijote de la Mancha.* Parte segunda, cap. 25).

183. Quien muere desesperado, por fuerza ha de parar en el infierno. *(Don Quijote de la Mancha.* Parte segunda, capítulo 70).

184. Con gran dificultad el día de hoy halla un hombre de bien señor a quien servir; muy diferentes son los señores de la tierra del Señor del cielo: aquéllos, para recibir a un criado, primero le espulgan el linaje, examinan la habilidad, le marcan la postura y aun quieren saber los vestidos que tiene; pero para entrar a servir a Dios, el más pobre es más rico; el más humilde, de mejor linaje. *(Coloquio de los perros).*

·ESPERANZA·

NCOMIÉNDATE a Dios de todo corazón, que muchas veces suele llover sus misericordias en el tiempo que están más secas las esperanzas. *(La Gitanilla).*

186. Dios, que es proveedor de todas las cosas, no nos ha de faltar. *(Don Quijote de la Mancha.* Parte primera, capítulo 18).

187. Como se dilate la vida, no se desmaya la esperanza. *(Trabajos de Persiles y Sigismunda.* Libro primero, cap. 5.º).

188. Siempre deja la ventura una puerta abierta en las desdichas, para dar remedio a ellas. *(Don Quijote de la Mancha.* Parte primera, cap. 15).

189. Nunca los ciclos aprietan tanto los males, que no dejen alguna luz con que se descubra la de su remedio. *(Trabajos de*

Persiles y Sigismunda. Libro segundo, capítulo 8.°).

190. Para todo hay remedio, si no es para excusar la muerte. (*El Celoso extremeño*).

191. Así como la luz resplandece más en las tinieblas, así la esperanza ha de estar más firme en los trabajos; que el desesperarse en ellos es acción de pechos cobardes. (*Trabajos de Persiles y Sigismunda*. Libro primero, cap. 9.°).

192. Los que viven con esperanzas de promesas venideras, siempre imaginan que no vuela el tiempo, sino que anda sobre los pies de la pereza misma. (*La Española inglesa*).

193. Tanto más fatiga el bien deseado cuanto la esperanza está más cerca de poseerlo. (*Don Quijote de la Mancha*. Parte primera, cap. 34).

194. Más vale buena esperanza que ruin posesión. *(Don Quijote de la Mancha. Parte segunda, cap. 7.º)*.

195. El mayor pecado de los hombres es el de la desesperación, por ser pecado de demonios. *(El Casamiento engañoso)*.

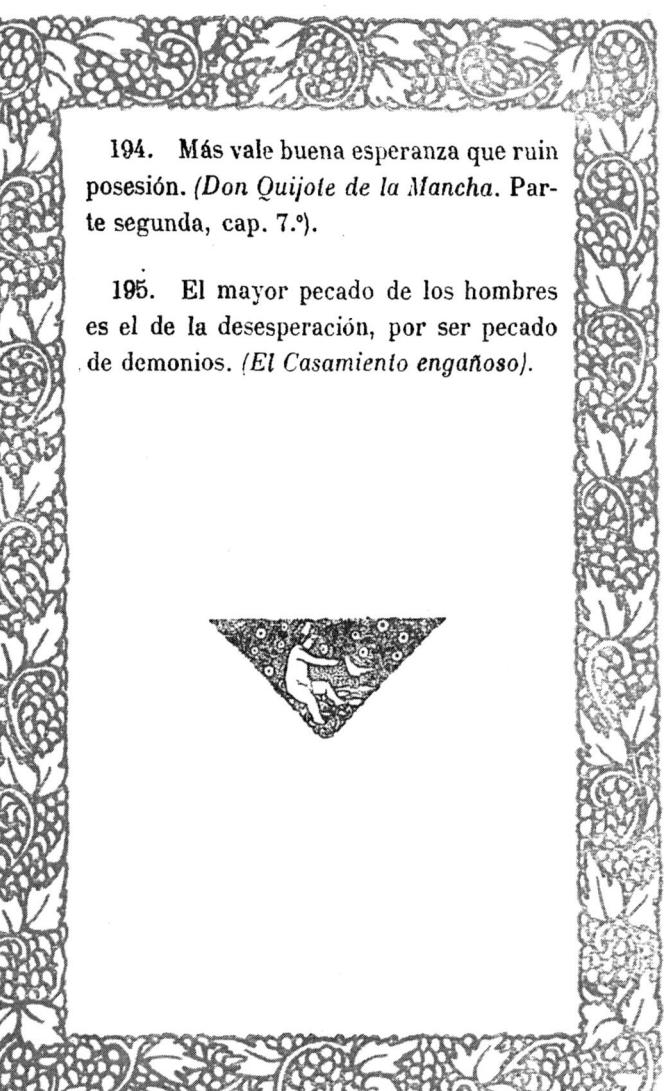

·HONESTIDAD·

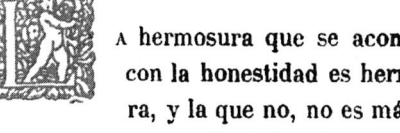

ᴀ hermosura que se acompaña con la honestidad es hermosura, y la que no, no es más que un buen parecer. *(Trabajos de Persiles y Sigismunda.* Libro cuarto, cap. 1.°).

197. Las honestas palabras dan indicio de la honestidad del que las pronuncia o escribe. *(Coloquio de los perros).*

198. La honestidad es una de las virtudes que al cuerpo y al alma más adornan y hermosean. *(Don Quijote de la Mancha.* Parte primera, cap. 14).

199. La honestidad siempre anda acompañada con la vergüenza, y la vergüenza con la honestidad; y si la una o la otra comienzan a desmoronarse y a perderse, todo el edificio de la hermosura dará en tierra, y será tenido en precio bajo y asqueroso. *(Trabajos de Persiles y Sigismunda.* Libro primero, cap. 12).

200. Tal vez la curiosidad hace tropezar y caer de ojos al más honesto recato. *(Trabajos de Persiles y Sigismunda.* Libro cuarto, cap. 6.°).

201. Tanto es una ventura buena cuanto es duradera, y tanto es duradera cuanto es honesta. *(Trabajos de Persiles y Sigismunda.* Libro cuarto, cap. 10).

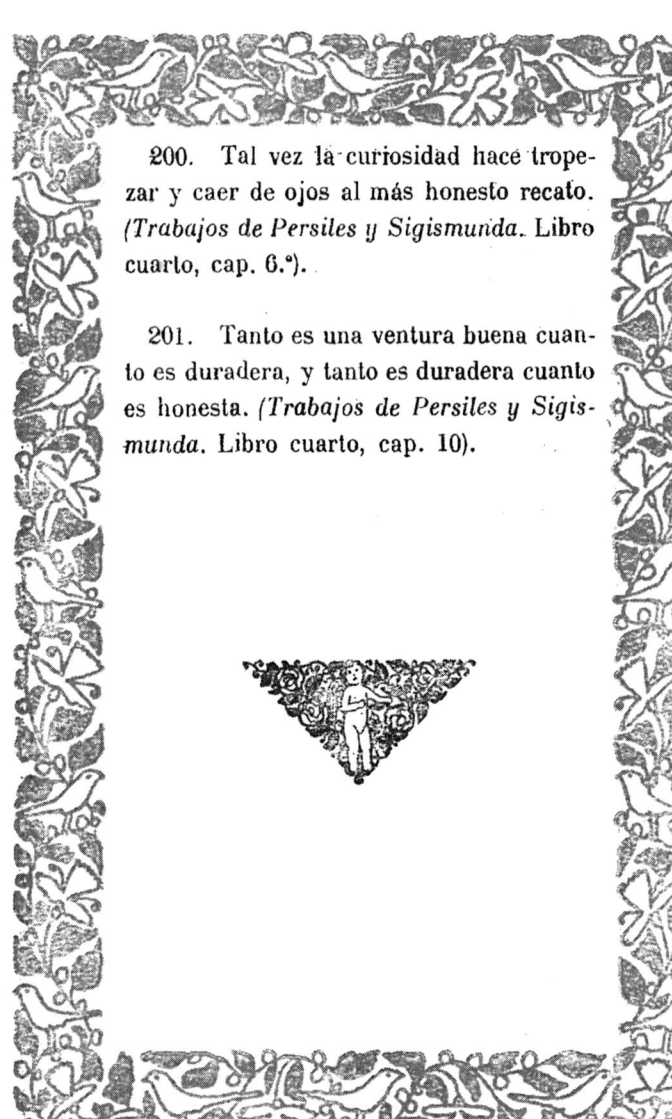

·VARIOS·

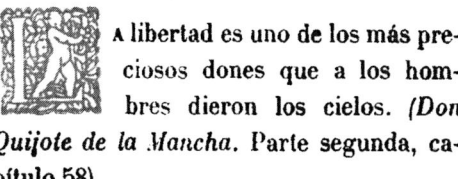 A libertad es uno de los más preciosos dones que a los hombres dieron los cielos. *(Don Quijote de la Mancha.* Parte segunda, capítulo 58).

203. Suele ofender un mosquito más de lo que puede favorecer un águila. *(Trabajos de Persiles y Sigismunda.* Libro tercero, capítulo 16).

204. Ningún camino hay malo como se acabe, si no es el que va a la horca. *(El Licenciado Vidriera).*

205. La necesidad es maestra de sutilizar el ingenio. *(Trabajos de Persiles y Sigismunda.* Libro primero, cap. 9.°).

206. La libertad no debe ser vendida por ningún dinero. *(Trabajos de Persiles y Sigismunda.* Libro tercero, cap. 14).

207. No ha de esperar el que siembra cizaña y maldad, que dé buen fruto su co-

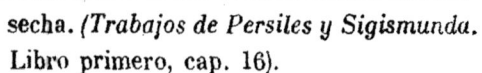

secha. *(Trabajos de Persiles y Sigismunda.
Libro primero, cap. 16).*

208. La santidad fingida no hace daño a ningún tercero, sino al que la usa. *(Coloquio de los perros).*

209. Lo que se dice aconsejando, en la intención halla disculpa lo que no agrada. *(Trabajos de Persiles y Sigismunda. Libro segundo, cap. 2.º).*

210. Estamos todos obligados a tener respeto a los ancianos, aunque no sean caballeros. *(Don Quijote de la Mancha. Parte segunda, cap. 23).*

211. La bendición de los ancianos parece que tiene prerrogativa de mejorar los sucesos. *(Trabajos de Persiles y Sigismunda. Libro tercero, cap. 9.º).*

212. Es mejor ser loado de los pocos sabios que burlado de los muchos necios.

(*Don Quijote de la Mancha.* Parte primera, capítulo 48).

213.   Quien mal anda, en mal para; de dos pies, aunque el uno esté sano, si el otro está cojo, tal vez cojea; que las malas compañías no pueden enseñar buenas costumbres. (*Trabajos de Persiles y Sigismunda.* Libro cuarto, cap. 5.º).

214.   La buena suerte y la buena dicha, que todo es uno, tan bien puede llegar a la puerta del miserable en un saco de sayal como en un escaparate de plata. (*Trabajos de Persiles y Sigismunda.* Libro cuarto, cap. 9.º).

215.   Más ven muchos ojos que dos; no se apodera tan presto el veneno de la injusticia de muchos corazones como se apodera de uno solo. (*La Ilustre fregona*).

216.   Aun entre los demonios hay unos peores que otros, y entre muchos hombres

malos, suele haber alguno bueno. *(La Gi-*
tanilla).

217. El buen servir del siervo mueve
la voluntad del señor a tratarlo bien. *(El*
Licenciado Vidriera).

218. Después de a los padres, a los
amos se ha de respetar como si lo fuesen.
(Don Quijote de la Mancha. Parte primera,
capítulo 20).

219. La honra del amo descubre la del
criado; según esto, mira a quien sirves y
verán cuán honrado eres. *(El Licenciado*
Vidriera).

220. Si todos los señores se ocupasen
en hacer buenas obras, no habría quien se
ocupase en decir mal de ellos. *(Trabajos*
de Persiles y Sigismunda. Libro primero,
capítulo 16).

221. No es bien ofender a los podero-
sos; y la caridad cristiana enseña que por

el príncipe bueno se ha de rogar al cielo por su vida y por su salud, y por el malo, que le mejore y enmiende. *(Trabajos de Persiles y Sigismunda.* Libro primero, capítulo 14).

222. No saber un hombre leer o ser zurdo arguye una de dos cosas: o que fué hijo de padres demasiado humildes y bajos, o él tan travieso y malo, que no pudo entrar en él el buen uso ni la buena doctrina. *(Don Quijote de la Mancha.* Parte segunda, capítulo 43).

223. Para ser uno buen oficial en su oficio, tanto ha menester los buenos instrumentos con que le ejercita, como el ingenio con que le aprende. *(Rinconete y Cortadillo).*

224. Bien es que los hijos hereden y aprendan los oficios de sus padres. *(Don Quijote de la Mancha.* Parte segunda, capítulo 5.°).

225. Todo aquel que no sabe, aunque sea señor y príncipe, puede y debe entrar en el número de vulgo. *(Don Quijote de la Mancha.* Parte segunda, cap. 16).

226. No es posible que la buena crianza ofenda, ni el rico ornato enfade, ni el aderezo de la casa no contente. *(Trabajos de Persiles y Sigismunda.* Libro cuarto, capítulo 7.º).

227. La boca sin muelas, es como molino sin piedra, y en mucho más se ha de estimar un diente que un diamante. *(Don Quijote de la Mancha.* Parte primera, capítulo 18).

228. Come poco y cena más poco; que la salud de todo el cuerpo se fragua en la oficina del estómago. *(Don Quijote de la Mancha.* Parte segunda, cap. 43).

229. Sé limpio, y córtate las uñas, sin dejarlas crecer como algunos hacen, a quien su ignorancia les ha dado a entender

que las uñas largas les hermosean las manos, como si aquel excremento y añadidura que se dejan de cortar fuese uña, siendo antes garras de cernícalo lagartijero; puerco y extraordinario abuso. *(Don Quijote de la Mancha.* Parte segunda, cap. 43).

230. Vístete bien; que un palo compuesto no parece palo. *(Don Quijote de la Mancha.* Parte segunda, cap. 51).

231. Anda despacio, habla con reposo, pero no de manera que parezca que te escuchas a tí mismo; que toda afectación es mala. *(Don Quijote de la Mancha.* Parte segunda, cap. 43).

232. No andes desceñido y flojo; que el vestido descompuesto da indicios de ánimo desmalazado, si ya la descompostura y flojedad no cae debajo de socarronería, como se juzgó en la de Julio César. *(Don Quijote de la Mancha.* Parte segunda, cap. 43).

233. Cuando subieres a caballo, no va-

yas echado el cuerpo sobre el arzón postrero, ni lleves las piernas tiesas y tiradas y desviadas de la barriga del caballo, ni tampoco vayas tan flojo, que parezca que vas sobre el rucio; que el andar a caballo, a unos hace caballeros, y a otros caballerizos. *(Don Quijote de la Mancha. Parte segunda, cap. 43).*